# YOU ARE MY CURE

## TRUE FRIENDS CAN HEAL ANY WOUND.

### KUSHAGRA BANSAL

# Contents

# Contents

# 1. We begin

"Tere yaar k karte hai charche log aksar
tere deedar k liye taras-te h berozgaar yu aksar
Jabh ruksat huyi thi pehli dafa tumse hamari
"M
Tabh badi tareef karte thee log apki aksar"

# 2. Helping hands

• 2 •

"Gussa wala bhi hai, Vo thoda nakhrila bhi hai
Nazakat s naapu ya ankhon s, Mera yaar sach m bhaut seedha bhi hai"
"Dil ki na-jaane kitni baatein hai jo sirf
ankho s padh gaya,
Are jabh ladh gya tha akele sabhse vo mere liye
Uss din pta chla ise ladai k saath yaari bhi aati hai"

# 3. Our promises



"Sabh k apne kisse thhe, Vo baat nyi purani thi
Zimmedariyan door kardeti hai hamein ,
Yeh reet bhaut purani thi"
"Gale m haath dalkar jo tashan m hum chala karte thhe,
Poora school ho ya college sabhi log apne deewane thhe"
"Jabh baato m sirf pyaar tha, vo bhi kya khoob zamane thhe"
"Bhaut s waade kiye thhe humne,
Vo kasam bhaut s khayi thi"
"Aaj yakeen aya hai mujhko,
Vo kasam khoob nibhayi thhi"

# 4. Faded Light

"College k jo yaar thhe,
Koi aashiq to kuch gulzaar thhe"
"Kuch apni dhun m rehte toh
Kuch humse imaandar thhe"
"Kuch hamre pass rehkar
apne waqt guzaarte thhe"
"Kuch ki yaad bhi aati
Tabh vo samandar paar thhe"

# 5. Shades of love

"Dekhte-h-Dekhte kitne door agye iss safar mein
Waqt aese hi nikal jata hai,
Hum to mehman bankar aye thhe apke sharaab khano mein
Apne toh yahin mehfil lagwadi humare liye,
Abh yaad ate hai, yaaro k saath bitaye vo pal maikhaaano mein"

# 6. Peculiar friend

"Dusre sheher m jo aaye thhe
Najaane uss nagar m kitne yaar kamaye thhe
Kya ashiqui kya afsana
Bas yaaro s milne ka dhundte rehte hain bahaana"

# 7. Selfless friendship

"Yeh jo aksar apno s milkar apna dil halka karte hain
Yakeen maaniye yahi h jo apno ka dard samjhte hain"
"Mil-jayengi tumko bhaut s mehfilo m yaaro ki khuli dukaan-ei-n
Are janaab yaariyan vo nahi jo har dusre teesre samjhte hain"
"yeh vo hai jo tumhare zakham ko apna samajhte hai
yeh vo hai jo tumko pareshaan hote dekh, aadhi raat ko bhi darwaaze par
dikhte hain"

# 8. Friendship is a real jewel

• 8 •

"Kamine hona dosti m bhaut sadharan hai, Jo na taale tumhari baat"
"Mn kare kuch khaane ka, tabh vo bhi bole chatpati chaat"
"Karo kuch galat ya dukhao kisi ka dil, Tabh vo bhi de tumko daant"
"Hojaye tumse kuch galat, Tabh bachane aye tumko aur de tumhara saath"

*""Yahi hoti hai asli yaaro ki baat"*

"

# 9. Limelighted memories



"School mein unka rutba tha
Vo bhi kya khoob nazare thhe"
"Ginti kis kis ko yaad rahegi
"Najaane kitne launde maare thhe"

*""Yaaro ki vo kya khoob masti thhi*
*"Bura na mano holi h keh kar*
*Sabhke kapde faade thhe"*

"

# 10. Nothing left except our memories

"Dil dukhaye honge sabhne,
Isme sabhko koi shaq nahi"
"Sabh khatam kardiya jaye tabh unse,
Yeh dosti ka dastoor nahi"
"Sambhaal lena bhaut keemti hote hai yeh rishte,
Daam lagaane mat beth jaana yha kisi ka mulya nahi"

# 11. That one sensitive friend

• 11 •

"Bhul gye thhe sabh vo yaadein
Jabh baat lagi thi tumko dil-par
Bana li thi an-ginat chattan-ein
Sirf us gusse ki buniyado par
Soch zara kya beeti hogi
Us tum logo mein s ek ladke par"

# 12. Some sorrow's and pain

"Naraaz reh kar, Chup rehkar
Kisi k aaj tak kuch hopaaya hai"
"Yeh dosti ek aesa rishta hai,
Jo bina sharton par chal paya hai"
"Naraazgi s to tum sirf ek tarfa hi soch sakte ho,
Iss ek tarfa soch ne hi kis-kis ka ghar jalwaya hai"
"Saath rahoge tabhi chalegi yeh reet purane yaaro ki,
Saath piyenge,saath gaayenge yeh preet hamari yaaro ki"

# 13. Lonely star

"Jabh guzru kisi bure daur s, Mein tere saath hi hu
Mere haath thaam kar bas yeh kehna"
"Mere yaar bas dil s yahi dua h,
Tum mere saath hi rehna"
"Muqaddar sath de ya na de,
Taqdeer palte ya na palte,
Kisi ki lalsa nahi mujhe,
Khushi iss baat ki hai mujhe,
Mere yaar mere saath to haina"

# 14. Silent tears

"Vo aaj kuch naraaz sa hai,
Kahi vo kisi dard s nikla saaz sa hai"
"Chahta toh nahi hai dukhi hona,
Par bhaut toota hua aaj vo kaanch sa hai"
"Chakar bhi apna dil halka nhi kar sakta,
vo phasa hua h kuch aesa jaise vo kaaj sa hai"
"Bhaut toot kar chaha tha usne kisi ko,
Aaj vo bikhra hua ek kaanch sa hai"

# 15. The day when my soul cry

"Log bikhar jaate hain jabh apna chala jata hai,
Zara pucho kaise karwatein badalne m,
Unko bitaaya hua ek pal yaad aata hai"
"Vo ek tarfa unko chod kar aage badh jaate hain,
Ek baar to socho, Najaane kaise vo yun tanhaa hi hazaro raaton s ladh jaate
hain"

# 16. Selfless connection

"Dar-ba-dar bhatka bhi
Tere raaste par atka bhi"
"Aaj khaali tere samne hu yakeen maan,
Tere kandhe par sar rakh kar roya bhi"
"Yeh safar bhaut khoobsurat raha tere saath aur ek tarfa bhi,
Aaj tere haath-m-haath rakh kar,
Karte hai dono ek nyi dosti ki shuruwat bhi"
"Mohobbat h tere in galliyon se,
Ishq hai tere maholle aur inn chauh-raho se gila bhi"

*""Gila rakhne ki tamaam koshish ki tere liye mere dil mein,*
*Haqikat yeh hai ki dekhlu aaj bhi apni aankho se tujhko ,*
*Dil zoro se dhadkta hai aaj bhi"*

"

# 17. Immortal memories

• 17 •

"Yaad aati rahegi tere,
Iss baar bhaut achhi aur sachi yaadein lekar jaa raha hu,
Yeh sabh madad karengi tujhse door rehne mein bhi"
"Sabh toh tujhko pata hai hi
Ishq hai beintehaan tujhse aaj bhi"

# 18. Journey from wound to heal

"Ek ujda ukhda ghar hai vo
Kaise toot kar bikhar gya"
"Ek zamaane m sabhse khoobsurat tha vo
Aaj har insaan uske aage s bina ruke guzar gaya"
"Ek kafan utha tha uss din
Vo saath sabh kuch le gya"
"Kuch din tak vo ghar theek tha
Phir baad m khamoshi ne diwaro ka gala chupke s ghot diya"
"Darwaaze toote tabh tak toh
Zamaane ne bhi dekhna chod diya"
"Uss aashiyane ko khandar dekh kar
Usse bedardi se todh diya"
"Salaam hai mere yaar ko usne poore pariwar ka daa-ram-dar apne upar leliya
Vo ghar bhi bana hai, Vo naam bhi
Kya khoobsurti s usne apna poora pariwar jodh diya"

# 19. Hurt and faint

"Ya toh mein toot-ta nhi hu
Ya phir mein chuth-ta nhi hu"
"Jis-se dil lgaya uss-se kabhi m rooth-ta nhi hu"
"Sabh badal gya hai,
Dil thoda sa sambhal gya hai,
Bichde hai bhaut se log iss aandhi mein,
Sawaal jawaab mein kuch bhi unse puchta nhi hu"
"Galat hu beshaq m sabh k liye,
Iss afsos k dawaab m shabdon mein aaj kal doobta nahi hu"
"Kuch chodh du kalam apni,
Kya chodh du yeh duniya apni,
Inn sabh ki girah mein,
Yeh dil puchta hai ki
Yeh batao m kabhi judta kyu nhi hu"

*""Mein galtiyo s kuch seekhta kyu nhi hu"*

"

# 20. Genuine talk and gentle walk

"Bhaut nadaan sa hai
Vo pyaara sa mera bhai choti si jaan sa hai"
"Na koi matlab use logon ki baaton se,
Vo mera bhai gaata kuch bhi ho lagta raag sa hai"
"Seedha hai chatpata hai"
"Kahu aese vo toh chatpati chaat sa hai"
"Maa baap ko sabhse upar rakhna usse mene seekha h"

"*"Mere liye vo yaar mera
Bilkul seedha haath sa hai"*

"

# 21. The best and one from college



"karte hai uski baat jabh,
Panne km padh jayenge"
"Dil rakhu ya kalam,
Haqeeqat toh yeh hai
KI janam km padh jayenge"
"Bholi hai mere yaaron m se ek yeh bhi mere jodhi hai"
"Khul ke kaise jeete hai yeh sabh seekha hu isse mein,
Isse naraaz bhi ho jao,
Tabh yeh sirf vahi bolegi
Yeh koyi valid reason thodi hai"

*""Bhaut choti s bhaut pyaari s*
*Yeh panda sirf mere hai"*

"

# 22. My pal

"Usko apne logon ki pehchaan hai
Kehte hai vo ek lauta apni maa ki shaan hai"
"Cheen liya tha vo zaroori saya usse khuda ne
Jis ki chavi aaj usmein ek zinda shaan hai"
"Bhaut dard s nikla hai vo
Kitne dilo ko jeeta hai vo"

Aajaye jahaan bhar ki taqleefein usko aaj bhi
Andhere mein jalti eklauti mashaal hai vo"
"
Kismat waalo ko milte hai aese jaaduyi heere
Mera saubhagya hai yeh veer mere yaaron mein se ek hai vo"
"Baap ka sahara keh sakte hai
Maa ki ankhon ka taara hai vo"

# 23. Turn back the clock

• 23 •

"Badi mushkato k baad vo mile
Jabh mile dooriyan mili aur chehre par ek hasi khili
Dil ne bola(ae-jaana)Abh kya gile"
"Dard hua tha tujhse dur jaane mein
Aaj jabh baithe hain sabh k saamne,
Kehna yahi chahunga,
Chalte rahe hamesha,
Yaaro aur yaari k yeh khoobsurat silsile"

# 24. Friendship and sacrifices

"Maa baap s jhoothtak bulvati hai
Yeh yaari na-jaane kya-kya hamse karwati hai"
"Sadak par nachna ho
Ya kisi kafange ko peetna ho"
"Breakups par kisi ko samjhana ho
Ya bure waqt mein kisika saath nibhaana ho"
"Future kisi ka banana ho
Ya nashe patto se kisi ko chudwaana ho"
"Zindagi ka toh pata nahi, Yaaro ka kya hai
Jiske pass humara jaisa yaarana ho"

# 25. Different phase of life

• 25 •

*""Zindagi hamein ek aese daur m khada kardegi*

*Jahaan sirf apki duniya deewaro m qaid hojayegi"*

*"Uss waqt ham logo ko sirf yaaro ki yaad ayegi*

*Palkein bheegi hogi aur honto par ek dheemi si hasi ayegi"*

"Chakar bhi shayad na mil payenge yakeen mano

Sabhkoek dusro ki yeh mehfilon ki bhaut yaad ayegi"

"Naraaz mat hua karo ek dusre se

Waqt guzarta hai

Tum sabh ki yaadon se hi toh age ki hmari umar guzar paayegi"

# 26. Bunch of love and memories

• 26 •

"Maahol naram tha, Sutta garam tha"
"Yaaron k saath jo guzaari raat,
Par saala zeb mein cash km tha"
"Khushi hui yeh lamha guzaar kr,
Thund hua dimaag jo barso se garam tha"
"Do chaar baatein huyi,
To chain esa padha jaise ghavo par kuch yun marham tha"
"Khushi hoti yeh jaankar ki dost nahi bhai ho tum mere,
Varna jeevan koi bhasad s km tha"

*""Khoob khush raho mere yaaro*
*Aur pikar bolo,*
*Ki daaru mein nasha km tha" "*

# 27. Journey from friend to sister



"Judi ek dhaage s kuch yun dore hai,

Jo jati keval tere ore hai"

"Kuch alag sa hai yeh rishta

Kuch aesa gali mein shor hai"

"Na-jaane kyu toot-te rehte hai bedardi se aaj kal k rishte,

Par iss bhai behen k rishte m baat hi kuch aur hai"

"Banaaye rakho yeh khoobsurat sa rishta

Yeh bhi ek saaton janam ka pher hai"

*""Judi ek dhage se hum dono ki dore hai".*

"

# 28. Best memories of living with friends In college days

"Mein yaado ko zara sa chedu to

Vo yaad mujhe bhaut aate hai"

"Mein saare apne yaaro ko dhund-u to sabh dur nazar aate hai

Ek umar k baad esa humko kya hota hai

Jo saare bichad jaate hai"

"Mein ankhein band karu to aansu tapak jaate hai"

"Tere saath jo beete pal m

Jo sabhne masti maari thi"

"Kaise humare ghar k aage

Hoti thullo ki gadi thi"

"Roz raat ko apni ek samaye par bethak hoti thi

Kaise bhul jaau yaar mere vo kis-kisne ultiyan maari thi"

"Yeh sabh jo apni baatein hai vaise bhaut puraani hai

Hum sabhne jo saath baith kar kitni almariya chaani hai"

"Aaj apne yaaro ki baat

Iss shayari m keh jaani hai"

*"Yaad aati hai bhaut tumhari bas yahi apni kahaani hai*

*Yahi kuch apne kisse hai aur yahi apni jawaani hai"*

# 29. The emotional night

"Raat ka vo waqt tha

Aaj vo roya jo bhai jo bhai mera sakht tha"

"Baat uski zubaan par thi

Jo arso s dilo mein dabi baithi thhi"

"Jabh aaya samaye jaane ka

Tabh aaya waqt gale lagaane ka"

"Raat ka vo waqt thaa

Aaj vo roya jo bhai mera sakht thaa"

"Guzri toh vo bhi ek daur se

Jo sabhko saath laayi thi ek khaufnaak daud se"

"Yeh dua karti hai vo hamesha

Ki bandha rahe yeh ristha dilo sa"

"Toota to uska bhi dil tha

Yaqeen hai mujhe ki vo bhi ubhregi ek din apne aashiq se"

"Bhai to uss din late zaroor tha

Par uske aane ka yaqeen sabhko tha"

"Tere awaaz k rehte hai sabh deewane

Haan mere bhai yeh baat abhi tu na jaane"

"Yeh bhi humari zindagi ka ek khoobsurat kridaar hai

Bas ise hojaata hai bhaut jaldi pyaar hai"

# 30. Unknown to be known

• 30 •

"Pehchante nahi the ek dusre ko

Aaj alag hone se darte hai"

"Yeh kaise rishte banaliye humne

Jo jaan se bhi pyaare lagte hain"

"Nafa nuksaan ki baat nahi yahan

Jo raaton ko karte kharche hain"

"Iss dosti ka kya kehna

Jo kadam milakar chalte hai'

*"School, college chodo sabh hum aaj bhi bachhe lagte hain"*

"

# 31. Unlove for friendship



"Dosti k liye mein apna pyaar kurbaan kar sakta hu
Pyaar k liye dosti par mein laakho sawaal kar sakta hu"
"Dosti k beech kisi ka pyaar ajaye
Vo doori ki shuruwat hogi"

*""Yeh sabh dekhne se pehle besabri se mujhe maut ki talaash hogi"*

"

# 32. Something wrong in my dreams

"Kahin dekha hai kya tumne use jo har pal
mujhe hasaya karta tha"
"Vo yaar kahin bichad gaya
Jo call par mujhko sataaya karta tha"
"Anjaane m kehdiya tha ja chala ja tu mujhse door,
Kya pata thi mujhko ki aesa hoga
Ki hogya hai vo majboor"
"Samne mere aaja yaar
Bhaut karadiya intezaar"
"Tere yaad mein sabh rote hai
Jo sabh karte hai tumse pyaar"

# 33. ME (The last message for you all )

"Chla jaau tabh rona mat

Bikhar jaau tabh jodhna mat"

"Jis din itehaas k kisi panne mein dafan hojau

Toh use utha kar kholna mat"

"Maut ko mein yun choom jaau

Tabh gale lagaane aana mat"

"Mere ruuh bhi sabhke pass rahegi

Yeh saari kitaabe abaad rahegi"

"Mere mohobbat k charche honge zubaan par

Uss mehfil m aag rahegi"

"Yaqeen hai mujhe lafzon par

Najaane yeh shayri kitne dilo ki baat kahegi"

*""Akhri hai yeh kitaab mere*

*Akhir mein kuch keh raha hu,*

*Shayar chala bhi jaaye kahin,*

*shayari par uski vo har mehfil sirf,*

*"Uss shayar ko waah kahegi"*

*"Uss shayar ko yaad karegi"*

"

www.ingramcontent.com/pod-product-compliance
Lightning Source LLC
Chambersburg PA
CBHW020945160726
47993CB00007B/2950